explora tu mundo™

El antiguo Egipto

Penelope Arlon

Libro digital gratis

Lee los relatos más extraños y horripilantes sobre las momias del antiguo Egipto en el libro digital gratis.

momias asombrosas

Libro digital complementario de El antiguo Egipto

Descarga el libro digital

Momias asombrosas

Visita el sitio

www.scholastic.com/discovermore

Escribe este código: RCHKGMG6PW42

2

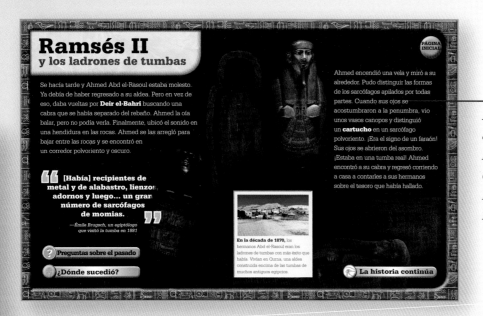

Ramsés II
y los ladrones de tumbas

Se hacía tarde y Ahmed Abd el-Rasoul estaba molesto. Ya debía de haber regresado a su aldea. Pero en vez de eso, daba vueltas por **Deir el-Bahri** buscando una cabra que se había separado del rebaño. Ahmed la oía balar, pero no podía verla. Finalmente, ubicó el sonido en una hendidura en las rocas. Ahmed se las arregló para bajar entre las rocas y se encontró en un corredor polvoriento y oscuro.

> [Había] recipientes de metal y de alabastro, lienzos, adornos y luego... un gran número de sarcófagos de momias.
>
> —Émile Brugsch, un egiptólogo que visitó la tumba en 1891

(?) **Preguntas sobre el pasado**

(●) **¿Dónde sucedió?**

Ahmed encendió una vela y miró a su alrededor. Pudo distinguir las formas de los sarcófagos apilados por todas partes. Cuando sus ojos se acostumbraron a la penumbra, vio unos vasos canopos y distinguió un **cartucho** en un sarcófago polvoriento. ¡Era el signo de un faraón! Sus ojos se abrieron del asombro. ¡Estaba en una tumba real! Ahmed encontró a su cabra y regresó corriendo a casa a contarles a sus hermanos sobre el tesoro que había hallado.

En la década de 1870, los hermanos Abd el-Rasoul eran los ladrones de tumbas con más éxito que había. Vivían en Qurna, una aldea construida encima de las tumbas de muchos antiguos egipcios.

(●) **La historia continúa**

Lee increíbles anécdotas, como la de una cabra que descubrió la momia de un faraón.

Busca la pareja

¿Puedes averiguar qué imágenes se corresponden? Elige una carta de la fila de arriba, y decide qué carta de la fila de abajo es su pareja. Para saber si acertaste, haz clic en una carta y te revelará la respuesta.

¿Perdido en el pasado? Busca las respuestas en el libro impreso. ¡Haz clic en el botón de consejo para obtener ayuda!

(?) **Consejo**

A Sobek B Nefertiti C Amón-Ra D La Esfinge E Anubis F Tot

1 El chacal 2 Los jeroglíficos 3 El león 4 Akenatón 5 El cocodrilo

Entretenidas actividades y preguntas para demostrar lo que has aprendido.

La momia gritona
Descubre un antiguo secreto

Gaston Maspero suspiró y se limpió el sudor de la frente. A veces su trabajo era muy difícil. Corría el año 1886, cinco años después de que se hallaran 40 momias en Deir el-Bahri. Los **egiptólogos** como Maspero seguían sin poder descubrir la identidad de algunas de esas momias. Esta **momia** en particular había sido enterrada junto a algunos grandes faraones como Ramsés II y Tutmosis III. La momia se encontraba en un ataúd de madera costosa, pero no tenía decoraciones. Extrañamente, la momia no estaba envuelta en capas de lino sino en piel de carnero.

> Todos los que lo vieron pensaron que parecía haber sido envenenado.
>
> —Gaston Maspero

(?) **Preguntas sobre el pasado**

(●) **¿Dónde sucedió?**

Gaston Maspero (23 de junio de 1846 a 30 de junio de 1916) fue un egiptólogo francés que vivió en El Cairo, Egipto. Estaba a cargo de las antigüedades halladas en esa área.

Hasta entonces, Maspero no sabía de quién podría ser la momia. Comenzó a remover lentamente la piel de carnero hacia un lado. De repente, se le cortó la respiración y se detuvo. La momia lo miraba directamente. Tenía la boca abierta como si gritara. ¿Habría sido este joven preservado en el momento mismo de su muerte?

(●) **La historia continúa**

Descarga el libro digital fácilmente. Visita el sitio web en inglés (a la izquierda), escribe el código y descarga el libro. Ábrelo con el programa Adobe Reader.

Consultora:
Loretta Kilroe

Consultora educativa:
Barbara Russ,
21st Century Community
Learning Center Director for
Winooski (Vermont) School District

Originally published in English as
Scholastic Discover More™: Ancient Egypt
Copyright © 2014 by Scholastic Inc.
Translation copyright © 2014 by Scholastic Inc.

ISBN 978-0-545-69515-2

10 9 8 7 6 5 4 3 2 1   14 15 16 17 18

Printed in Singapore   46
First Spanish edition, September 2014

Scholastic hace esfuerzos constantes por
reducir el impacto ecológico de nuestros
procesos de manufactura. Para ver nuestras
normas para la obtención de papel, visite
www.scholastic.com/paperpolicy.

Contenido

Descubre el antiguo Egipto

La vida diaria

Descubre el antiguo Egipto

El antiguo Egipto floreció a orillas del río Nilo durante más de 3.000 años. Hoy las pirámides de Guiza, famosas en todo el mundo, se alzan al cielo detrás de El Cairo moderno. Ellas son el recuerdo de una de las más grandes civilizaciones de la historia.

El antiguo Egipto

Esta fue una de las primeras civilizaciones de la Tierra. Produjo edificios inmensos, bellas obras de arte y gobernantes poderosos.

La lengua escrita

El egipcio antiguo fue una de las primeras lenguas que tuvo escritura.

El faraón

El faraón era el rey de Egipto. Dirigía el gobierno, el ejército y los proyectos de construcción.

escultura de un halcón

Todas las ciudades del antiguo Egipto fueron

Usaban piedras preciosas para comerciar.

La agricultura

Los egipcios inventaron métodos de cultivo que aún se usan en algunos lugares.

Los edificios

Los egipcios eran excelentes constructores. Sus pirámides, construidas hace 4.500 años, aún están entre los edificios más impresionantes jamás hechos por los seres humanos.

Los egipcios son famosos por la manera en que enterraban a los muertos.

Los egipcios creían en muchos dioses y diosas.

construidas en las riberas del río Nilo.

El imperio del Nilo

Casi todo el noreste de África es desierto. La única tierra fértil está en las cercanías del río Nilo. La antigua civilización egipcia se desarrolló en las riberas del río. Incluso hoy en día, ¡95 por ciento de los egipcios vive junto al Nilo!

La tierra negra

Los antiguos egipcios llamaban a su país Kemet, que significa "tierra negra", por el lodo fértil y oscuro que cubría las áreas cercanas al río Nilo.

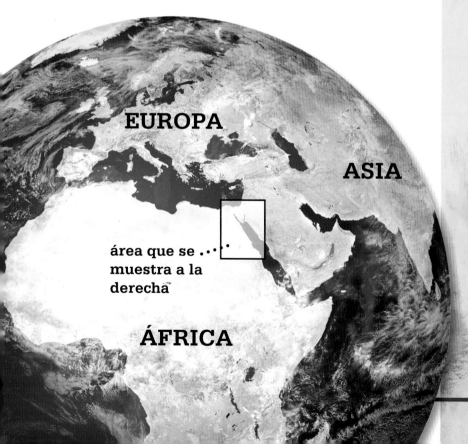

EUROPA

ASIA

área que se muestra a la derecha

ÁFRICA

Estructuras famosas

La Gran Pirámide de Guiza es la tumba de un faraón.

En el Valle de los Reyes hay muchas tumbas ocultas.

Templo de Hatshepsut, una mujer que fue faraón.

Abu Simbel fue construido por el faraón Ramsés II.

Heraclión

Mar Mediterráneo

BAJO EGIPTO

CLAVE
- **Estructura famosa**
- **Ciudad o pueblo**

Menfis

pirámides de Saqqara

Ajetatón

Río Nilo

Mar Rojo

Tebas

Las civilizaciones nubia y egipcia florecieron en la misma época. Las invasiones de una contra la otra eran frecuentes.

ALTO EGIPTO

NUBIA

Un país, dos regiones

El antiguo Egipto estaba dividido en dos regiones: el Bajo Egipto al norte, donde el Nilo desemboca en el mar Mediterráneo, y el Alto Egipto al sur. Durante la mayor parte de la historia del antiguo Egipto, ambas regiones formaban un reino unificado y regido por un solo faraón.

Los constructores vivían en este pueblo, Deir el-Medina.

Karnak era un área de muchos templos y edificios.

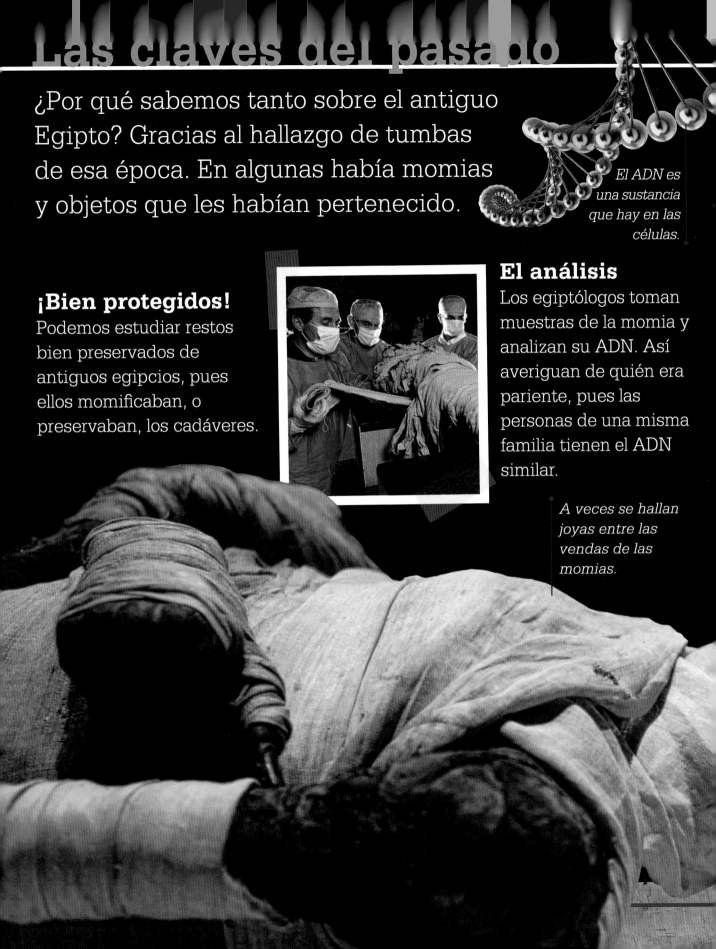

Las claves del pasado

¿Por qué sabemos tanto sobre el antiguo Egipto? Gracias al hallazgo de tumbas de esa época. En algunas había momias y objetos que les habían pertenecido.

El ADN es una sustancia que hay en las células.

¡Bien protegidos!

Podemos estudiar restos bien preservados de antiguos egipcios, pues ellos momificaban, o preservaban, los cadáveres.

El análisis

Los egiptólogos toman muestras de la momia y analizan su ADN. Así averiguan de quién era pariente, pues las personas de una misma familia tienen el ADN similar.

A veces se hallan joyas entre las vendas de las momias.

Los tesoros de las tumbas

El más famoso descubrimiento de una tumba ocurrió en 1922, cuando se halló la del faraón Tutankamón. En su interior había tronos, cuatro carros, estatuas, joyas, muebles, frascos de perfumes y hasta una almohada.

Aprende más sobre cómo se hacen las momias en las págs. 62–63.

El pelo de la momia nos muestra un peinado antiguo.

Aún hoy, los egiptólogos descubren cosas interesantes con frecuencia.

NUEVOS HALLAZGOS

BURRO CURIOSO

En 1996, a un burro se le quedó trabada una pata en un hoyo en el oasis de Bahariya. Resultó ser la entrada a una gran tumba. A esa área la llamaron el Valle de las Momias de Oro.

LOS PAPELES MÁS ANTIGUOS

Los egipcios usaban un tipo de papel llamado papiro (ver la pág. 22). El papiro más antiguo fue hallado en 2013: el texto decía que los obreros recibían pan y cerveza.

¡ASESINADO!

Al escanear la momia de Ramsés III, en 2012, se descubrió que tenía una herida en la garganta. ¡El faraón había sido asesinado!

Tumbas y tesoros

Imagínate que entraras a una tumba egipcia que ha estado cerrada por 3.000 años. Estas son algunas de las cosas que podrías hallar. ¡Cuidado con las momias!

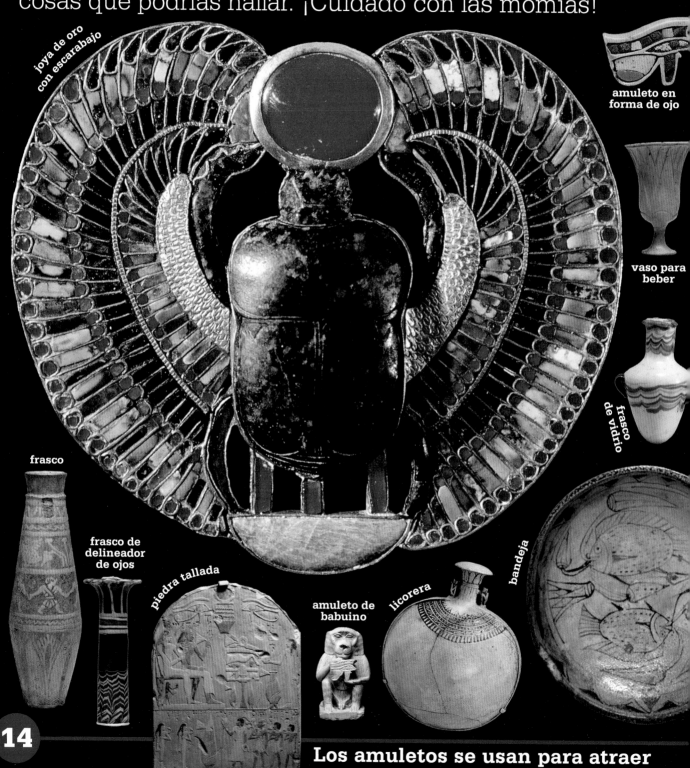

joya de oro con escarabajo

amuleto en forma de ojo

vaso para beber

frasco de vidrio

frasco

frasco de delineador de ojos

piedra tallada

amuleto de babuino

licorera

bandeja

Los amuletos se usan para atraer

amuleto

collar con
escarabajo alado

dije en forma
de ibis

dije en forma
de león

cuenta

jarrón de vidrio

puñal

frasco doble

collar con
guepardo

amuleto de escarabajo
(parte superior e inferior)

bote tallado

hacha

estatuas de madera

momia

amuleto

peine de madera

hacha

tablero y piezas de senet

frasco de
cosméticos

máscara de momia

anillos de rana

ataúd de la
momia de un
babuino

momia de un gato

la buena suerte.

15

LORD CARNARVON

El problema de poner tesoros en tumbas es que alguien puede meterse y robárselos. En la antigüedad, los saqueadores robaron todos los tesoros de las tumbas del interior de las pirámides. Por eso la gente comenzó a enterrar sus muertos en las montañas. Pero de todas formas, los saqueadores hallaban los tesoros.

Lord Carnarvon y Carter

Aun así, en 1922, muchos tenían la esperanza de que hubiese tumbas importantes por descubrir. Lord Carnarvon, un inglés muy rico, fue a hacer una excavación arqueológica en el Valle de los Reyes con el egiptólogo Howard Carter. (En realidad, Lord Carnarvon estaba en una jaula con malla para protegerse del polvo y las moscas mientras su equipo excavaba). Los excavadores hallaron unos peldaños que llevaban a una puerta cerrada. La forzaron y entraron en la tumba del faraón Tutankamón.

Castillo de Highclere, residencia de Lord Carnarvon en Inglaterra

En las salas hallaron tesoros, bellas pinturas en las paredes, ¡hasta los zapatos de Tutankamón! Tras la máscara de oro yacía la momia del faraón. Hoy en día, esos tesoros son llevados por todo el mundo para que la gente los pueda ver.

los tesoros, exactamente como fueron hallados en 1922

máscara mortuoria de Tutankamón

¿LA MALDICIÓN DE LA MOMIA?

Se dice que caerá una maldición sobre aquel que entre en la tumba de Tutankamón. Lord Carnarvon murió poco después del hallazgo de la tumba a causa de la picada infecciosa de un mosquito. Hace poco se descubrió que Tutankamón podría haber muerto de malaria, una enfermedad transmitida por los mosquitos. ¿No es increíble?

La ciudad perdida

Durante siglos se habló de una rica ciudad del antiguo Egipto llamada Heraclión, pero nadie sabía dónde se hallaba. Recientemente, sin embargo, los egiptólogos descubrieron una ciudad entera sumergida en la zona donde el Nilo desemboca en el mar Mediterráneo. Allí estuvo alguna vez el puerto de Heraclión, pero con el tiempo fue inundado por el mar.

Los submarinistas han hallado templos, barcos,

estatuas, joyas y mucho más en el fondo del mar.

Cronología de Egipto

El antiguo Egipto duró 3.000 años. Sigue el río para conocer sobre su progreso y sus dificultades.

La gente comenzó a plant cultivos en las riberas del Nilo hace unos 7.300 años.

5300–3000 a.C.

Imperio Medio

El faraón Montuhotep II reunificó el reino y Tebas se convirtió en la capital. Fue una época de paz en Egipto, y las artes florecieron.

Este fue un período de inestabilidad en Egipto: las crónicas mencionan que hubo "70 reyes en 70 días". Fue una época de sequías y conflictos.

2160–2055 a.C.

2055–1650 a.C.

escultura de oro

Otro período de inestabilidad. Los hicsos, un pueblo de Asia, invadieron el Bajo Egipto.

1650–1550 a.C.

Tutankamón (reinó de 1336 a 1327 a.C.)

Imperio Nuevo

Fue una época de riqueza y poderío. Varios faraones expandieron el reino hacia el sur y el Medio Oriente.

1550–1069 a.C.

pirámide escalonada de Saqqara

pirámides de Guiza

Inicio del antiguo Egipto

En 3000 a.C., el primer rey, Menes, unificó el Alto y el Bajo Egipto. Hacia 2650 a.C., se construyó la primera pirámide en Saqqara, cerca de Menfis, que era entonces la capital.

3000–2686 a.C.

Imperio Antiguo

Egipto expandió su comercio e influencia. En esta "edad de las pirámides" se construyeron las pirámides de Guiza.

2686–2160 a.C.

Cleopatra

Egipto fue dividido otra vez. Primero fue invadido por los libios desde el oeste, y luego por los nubios desde el sur.

casco griego

Períodos posteriores

Egipto fue conquistado por Asiria, Persia y otras naciones. En 332 a.C., Alejandro Magno, de Grecia, conquistó Egipto.

Cleopatra fue el último faraón de Egipto. En el año 30 a.C., Egipto pasó a ser posesión de Roma.

1069–664 a.C.

664–30 a.C.

21

Inventos antiguos

Los egipcios inventaron muchas cosas útiles. Algunas las usamos aún hoy. ¡Pero ahora hacemos la pasta de dientes diferente!

delineador de ojos ········

Ahora el tractor hala el arado.

Hoy el papel se hace con pulpa de madera.

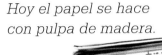

ARADO TIRADO POR BUEYES

DATO CURIOSO

Los egipcios se dieron cuenta de que podían usar animales para tirar de los arados (en lugar de hacerlo ellos mismos). Eso hizo más fácil la vida a los campesinos.

¿CUÁNDO?

Hacia 2500 a.C.

Esta pintura se halló en la tumba de Sennutem.

DELINEADOR

DATO CURIOSO

A los hombres y las mujeres del antiguo Egipto les gustaba verse bellos. Hacían delineador de ojos con plomo molido. Los egipcios aún usan esa mezcla.

¿CUÁNDO?

Hacia 4000 a.C.

Los egipcios ponían los cosméticos en estuches, como nosotros.

PAPEL

DATO CURIOSO

El primer papel, llamado papiro, se hizo en el antiguo Egipto. ¡Escribir en papel era más rápido que tallar símbolos en piedra!

¿CUÁNDO?

Hacia 2560 a.C.

El papiro es un junco que crece en las riberas del Nilo.

ESCRITURA

DATO CURIOSO

En Egipto se inventó uno de los primeros sistemas de escritura. Se basaba en pequeños dibujos llamados jeroglíficos que representaban palabras.

¿CUÁNDO?

Hacia 3000 a.C.

Por mucho tiempo, nadie supo qué querían decir los jeroglíficos.

Los egipcios inventaron muchas medicinas. Algunas aún se

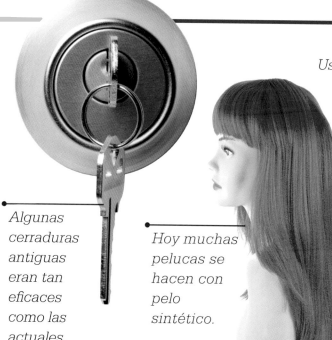

Algunas cerraduras antiguas eran tan eficaces como las actuales.

Hoy muchas pelucas se hacen con pelo sintético.

Usamos el calendario para organizarnos.

Se cree que los egipcios usaban ramitas como cepillos de dientes.

CERRADURA

DATO CURIOSO

Los egipcios inventaron la llave y la cerradura para impedir la entrada de los saqueadores. Una de las cerraduras más antiguas medía 2 pies (0,6 m) de largo.

¿CUÁNDO?

Hacia 4000 a.C.

Eran cerraduras como las de pestillo y pasador.

PELUCA

DATO CURIOSO

Los egipcios se afeitaban la cara y la cabeza con navajas. ¡Y luego se ponían pelucas y barbas falsas!

¿CUÁNDO?

Hacia 2600 a.C.

Las primeras pelucas se hacían de pelo humano y lana de oveja.

CALENDARIO

DATO CURIOSO

El primer calendario tenía tres estaciones, cada una de cuatro meses de 30 días: 360 días en total. Los otros cinco días eran dedicados a celebrar fiestas religiosas.

¿CUÁNDO?

Hacia 3000 a.C.

Los meses tenían números en lugar de nombres.

PASTA DENTAL

DATO CURIOSO

Los egipcios inventaron la primera pasta dental para cuidar los dientes. Incluso hacían enjuagues bucales con miel y canela.

¿CUÁNDO?

Hacia 1500 a.C.

La pasta de dientes se hacía de cascarones quemados, ceniza o pezuña de buey en polvo. ¡Qué asco!

La **vida** diaria

Los antiguos egipcios tenían una buena vida. Existía un gobierno organizado, tenían suficientes alimentos y abundante trabajo. Esta preciosa talla es de la parte posterior del trono de Tutankamón. Muestra al faraón y a su esposa con las ropas y pelucas típicas que usaban los egipcios más acaudalados.

El río Nilo

El Nilo ofrecía a los antiguos egipcios comida, agua potable, suelos fértiles y una excelente vía de comunicación a través de todo el imperio.

Riberas cultivadas

El Nilo se desborda cada año fertilizando el suelo de sus riberas, lo cual es bueno para el cultivo. En esta ilustración, los campesinos cargan cebada.

Para hacer barcos, usaban madera y cuerdas, pero no clavos.

Viajes por el Nilo

Los egipcios no construían carreteras, pues tenían el Nilo como "autopista". Hacían canales como calles accesorias. Todo el transporte era por barco.

Este barco tenía remos y velas que se usaban según la dirección en que soplara el viento.

El comercio en el Nilo

Egipto era el país más rico del mundo antiguo. Los egipcios canjeaban oro, papiro, lino y adornos por otros metales, maderas y alimentos.

El río Nilo es el río más largo del mundo. ¡Tiene

Tres estaciones

Cultivaban trigo y cebada.

Akhet
(julio a noviembre)
El río se desbordaba y la gente no podía plantar. Era la época de construir tumbas, pirámides y templos.

Peret
(noviembre a marzo)
Bajaban las aguas y quedaba el suelo fértil. Los campesinos araban la tierra y sembraban semillas.

Shomu
(marzo a julio)
Era la época de cosechar el grano. Los campesinos usaban hoces para la siega.

Hacían canales para conectar edificios importantes, como los templos, con el río.

Un río transitado
El Nilo estaba lleno de barcos: pequeños botes de pesca, veleros, grandes barcazas mercantes y el barco del faraón, decorado con esculturas y oro.

4.132 millas (6.650 km) de longitud!

Magia y misterio

Los antiguos egipcios adoraban a muchos dioses y diosas que ellos creían que los podían ayudar en su vida diaria. También creían en la magia y los encantamientos.

Sejmet, diosa guerrera

Los dioses

Cada dios representaba un objeto o actividad. Casi todos estaban asociados a un animal y se representaban con la cabeza del animal o como ese animal.

Amón-Ra, dios del sol

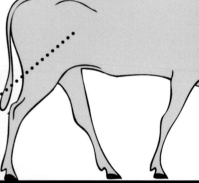

Apis, dios de la fuerza

Gatos sagrados

Los egipcios momificaban gatos para ofrendarlos a la diosa Bastet. En su templo de Bubastis había 300.000 momias de gatos.

Esta talla mágica protegía contra cocodrilos.

La magia

La gente creía que la magia les daba buena o mala suerte. Por eso llevaban amuletos de la buena suerte o visitaban magos para protegerse de la mala suerte.

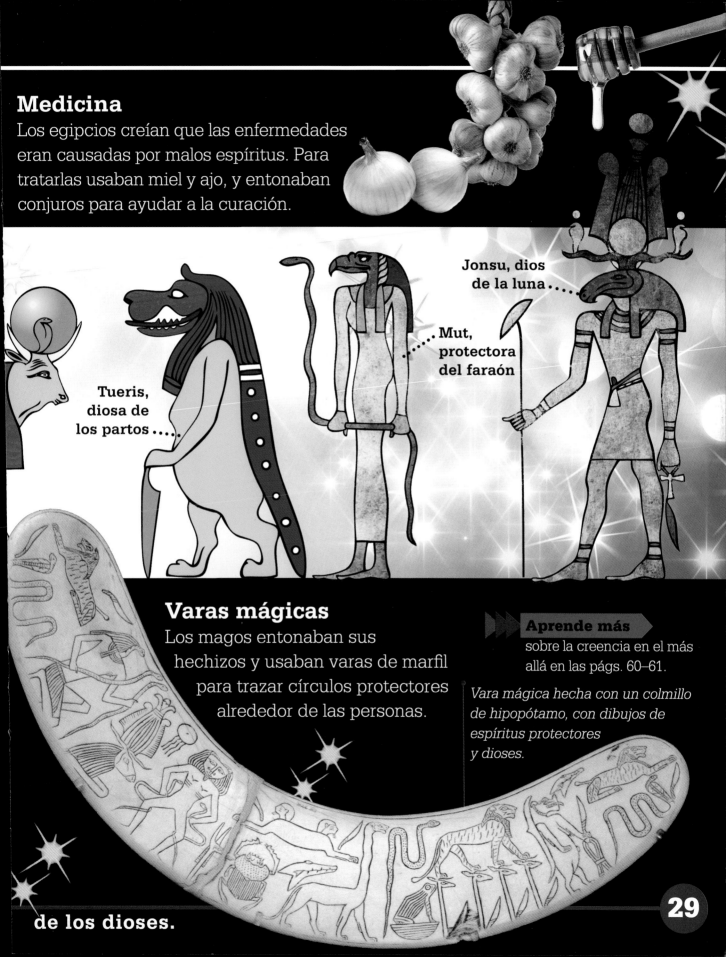

Medicina

Los egipcios creían que las enfermedades eran causadas por malos espíritus. Para tratarlas usaban miel y ajo, y entonaban conjuros para ayudar a la curación.

Jonsu, dios de la luna

Mut, protectora del faraón

Tueris, diosa de los partos

Varas mágicas

Los magos entonaban sus hechizos y usaban varas de marfil para trazar círculos protectores alrededor de las personas.

de los dioses.

Aprende más sobre la creencia en el más allá en las págs. 60–61.

Vara mágica hecha con un colmillo de hipopótamo, con dibujos de espíritus protectores y dioses.

Dioses y diosas

Los egipcios tenían más de 2.000 dioses y diosas. ¡Un montón de nombres para recordar! Estos son algunos de los más importantes.

Isis era una de las diosas más veneradas.

Anubis se representaba con cabeza de chacal, pues era usual ver chacales alrededor de los cementerios.

Hathor era considerada la madre del faraón. Aquí aparece con orejas de vaca.

Isis

SIGNIFICADO:
Diosa de los niños y la magia; la diosa madre
SÍMBOLO:
Un milano

Anubis

SIGNIFICADO:
Dios de la magia, las momias y los muertos
SÍMBOLO:
Un chacal

Hathor

SIGNIFICADO:
Diosa del amor y la alegría; esposa de Horus
SÍMBOLO:
Una vaca

Amón-Ra

SIGNIFICADO:
Dios del sol; el dios más importante
SÍMBOLO:
El Sol

Tot les dio a los egipcios la escritura, la medicina y las matemáticas.

Osiris se representa con una alta corona formada por dos plumas de avestruz

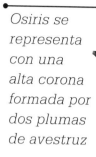

Los egipcios creían que el faraón era la manifestación de Horus en la Tierra.

Tot

SIGNIFICADO:
Dios de la luna y la sabiduría
SÍMBOLO:
Un babuino o un ibis (un ave zancuda)

Horus

SIGNIFICADO:
Dios del cielo y protector de Egipto; rey de los dioses; hijo de Osiris e Isis
SÍMBOLO:
Un halcón

Osiris

SIGNIFICADO:
Rey del mundo de los muertos
SÍMBOLO:
Un hombre momificado

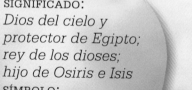

Cada noche, Ra era devorado por Nut, la diosa del cielo, y renacía cada mañana.

Sobek

SIGNIFICADO:
Dios del agua y del Nilo
SÍMBOLO:
Un cocodrilo

Los templos de Karnak

Los egipcios construían los templos como casas para los dioses. Estos están entre los edificios más fabulosos construidos jamás en nuestro planeta.

Karnak

Los templos de Karnak son enormes. El principal, dedicado a Amón-Ra, podría contener unas 35 canchas de fútbol. Los expertos creen que durante el reinado de Ramsés II trabajaban allí 80.000 personas.

Había un canal del Nilo a Karnak para que el faraón

Complejo de templos

El complejo de Karnak fue (y es aún) el centro religioso más grande del mundo. Se construyó a lo largo de 1.500 años y ocupa un área de más de 200 acres.

La avenida de las esfinges

Ramsés II construyó un avenida bordeada con esfinges que iba hasta entrada principal del templo. Cada estatua tien. el nombre de Ramsés.

El oráculo

Los dioses resolvían los problemas y respondían preguntas de la gente. Un sacerdote le hacía la pregunta al dios y luego decía su respuesta. A ese ritual se le decía "consultar al oráculo".

pudiera llegar en su barco.

estatua de
**Ramsés II hallada
en Abu Simbel**

cobra.......

El faraón

El faraón gobernaba Egipto, pero era más que un rey. Para el pueblo, era un dios. Tenía poder absoluto, pero debía ser honrado y justo.

Procesión para un faraón

El faraón dictaba leyes, defendía el reino y construía templos. La gente creía que el faraón podía hacer que lloviera. En esta pintura de una tumba (debajo) se muestra una procesión en homenaje a Ramsés II.

Todo el mundo debía besar el suelo a los pies del faraón.

Aprende más
sobre las guerras de Ramsés II en las págs. 42–43.

Durante el festival del Heb-Sed,

El anj

El símbolo del anj era la llave de la vida. Quien lo portaba tenía el poder de dar o quitar la vida. En el arte egipcio es común que el faraón lleve un anj en la mano.

Educar a un faraón

Los faraones muchas veces elegían a un hijo como sucesor. Desde que nacía, el niño era entrenado para la guerra, los deportes y el gobierno.

BUSCA AL FARAÓN

COBRA

El faraón usualmente aparece con una cabeza de cobra en la corona, la cual representa al protector del faraón.

TOCADO

El faraón a veces usaba un nemes, o tela de rayas, en la cabeza, adornado con una cobra.

CORONA

Los primeros faraones usaban la corona roja del Bajo Egipto, la blanca del Alto Egipto o una combinación de ambas. Para la época del Imperio Nuevo, el faraón usaba una corona de intenso color azul.

Hasta el período final, en Egipto no se usaba el dinero. La gente pagaba con productos o trabajo; y debía entregar parte de lo que cosechaba o hacía al faraón.

Estos hombres son esclavos que serán ofrecidos al faraón. Llevan las manos atadas.

el faraón debía probar su vigor en una carrera con un toro.

Grandes faraones

Hubo unos 330 faraones que reinaron por más de 3.000 años. Estos son algunos de los más famosos.

Esta estatua de Zoser es la estatua de tamaño natural más antigua del mundo.

Esta es la estatua real egipcia más pequeña que se ha hallado.

Pepy II aparece aquí de niño con su madre, Anjesenpepi II.

Zoser

REINADO:
2667 a 2648 a.C.
PERÍODO:
Imperio Antiguo
IMPORTANCIA:
Zoser fue el primer faraón que construyó una pirámide: la pirámide escalonada de Saqqara.

Keops

REINADO:
2589 a 2566 a.C.
PERÍODO:
Imperio Antiguo
IMPORTANCIA:
Keops construyó la Gran Pirámide de Guiza, una de las Siete Maravillas del Mundo Antiguo.

Pepy II

REINADO:
2278 a 2184 a.C.
PERÍODO:
Imperio Antiguo
IMPORTANCIA:
Pepy II tuvo el reinado más largo de la historia. Reinó 94 años.

Los 330 faraones que reinaron en Egipto se dividieron

Montuhotep II reunificó Egipto tras el Primer Período Intermedio. Fue el primer faraón del Imperio Medio.

Tutmosis III era demasiado joven para asumir el trono al morir su padre. Su madrastra Hatshepsut reinó en su lugar.

Al morir Hatshepsut, Tutmosis III tomó finalmente control del trono.

Montuhotep II

REINADO:
2055 a 2004 a.C.
PERÍODO:
Imperio Medio
IMPORTANCIA:
Montuhotep II construyó un grandioso templo funerario en la ribera occidental del Nilo.

Tutmosis III

REINADO:
1479 a 1425 a.C.
PERÍODO:
Imperio Nuevo
IMPORTANCIA:
Tutmosis III fue un gran líder militar. Se cree que conquistó 350 ciudades.

Hatshepsut

REINADO:
1473 a 1458 a.C.
PERÍODO:
Imperio Nuevo
IMPORTANCIA:
Hatshepsut fue una de las pocas mujeres que gobernó Egipto.

en 30 familias, o dinastías, diferentes.

Otros grandes faraones

Amenhotep III se construyó el templo funerario más grande que se ha hallado jamás.

Akenatón cambió su nombre. Originalmente se llamaba Amenhotep IV.

Tutankamón asumió el trono a los 10 años de edad y murió cuando tenía 19.

Amenhotep III

REINADO:
1390 a 1352 a.C.
PERÍODO:
Imperio Nuevo
IMPORTANCIA:
Amenhotep III gobernó en paz, en la época de mayor esplendor del arte y el poderío de Egipto.

Akenatón

REINADO:
1352 a 1336 a.C.
PERÍODO:
Imperio Nuevo
IMPORTANCIA:
Akenatón adoraba al dios solar, Atón, y prohibió adorar a otros dioses.

Tutankamón

REINADO:
1336 a 1327 a.C.
PERÍODO:
Imperio Nuevo
IMPORTANCIA:
Tutankamón fue enterrado en una tumba llena de fabulosos tesoros tras reinar solo nueve años.

Faraón significa "casa grande" y originalmente se refería al

Ramsés II es usualmente llamado Ramsés el Grande.

Alejandro construyó la ciudad de Alejandría y la hizo capital de Egipto.

Se dice que Cleopatra fue una mujer muy bella.

Ramsés II

REINADO:
1279 a 1213 a.C.
PERÍODO:
Imperio Nuevo
IMPORTANCIA:
Ramsés II fue un gran líder militar. También construyó los templos de Abu Simbel.

Alejandro Magno

REINADO:
332 a 323 a.C.
PERÍODO:
Período helenístico
IMPORTANCIA:
Alejandro Magno derrotó al Imperio Persa y conquistó Egipto.

Cleopatra VII

REINADO:
51 a 30 a.C.
PERÍODO:
Período Ptolemaico
IMPORTANCIA:
Cleopatra fue la última persona que ocupó el puesto de faraón de Egipto.

palacio real. Hatshepsut cambió su significado a "rey".

AKENATÓN

En general los faraones fueron buenos gobernantes, y Egipto tuvo una historia bastante estable. Pero en el 1352 a.C., ascendió al trono Amenhotep IV y durante sus 16 años de reinado instauró el caos.

Amenhotep IV no enfrentaba grandes retos, pues los faraones anteriores le habían dejado Egipto rico y en paz, pero Amenhotep decidió reformar la religión. Prohibió el culto de los dioses antiguos y declaró que el único dios era Atón, el dios solar (no Amón-Ra, el dios del sol). Se cambió su propio nombre y se puso Akenatón, cerró todos los templos y construyó una nueva ciudad, Ajetatón, y la hizo la capital de Egipto. Esas decisiones lo hicieron impopular.

Debido a su concentración en asuntos religiosos, Akenatón no se ocupó de la

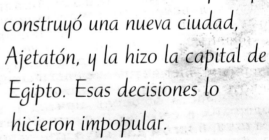

Akenatón instauró un nuevo estilo de arte en el que se representaba a las personas con caras largas y panzas flácidas.

seguridad del imperio. Los hititas del norte comenzaron a ocupar zonas de Egipto. Cuando Akenatón murió, Tutankatón, su hijo de 10 años, subió al trono. Los faraones posteriores trataron de borrar a Akenatón de la historia destruyendo las obras de arte en que aparecía.

Akenatón tenía muchas esposas, pero Nefertiti fue su favorita, y la más hermosa.

Akenatón y Nefertiti ....

Nefertiti .....

TUTANKAMÓN

Tutankatón retornó la capital de Egipto a Tebas, restauró el culto de los dioses antiguos y cambió su nombre por el de Tutankamón. Egipto recuperó sus antiguas tradiciones, pero nunca volvió a ser tan poderoso como antes. Tutankamón murió a los 19 años de edad. Es muy conocido debido al descubrimiento de su fabulosa tumba (ver págs. 16–17).

Los guerreros

El poderoso ejército, encabezado por el faraón, estaba integrado por soldados de infantería, aurigas y marinos. Juntos peleaban para proteger a Egipto y conquistar otras tierras.

Un líder guerrero

Ramsés II fue uno de los más grandes faraones guerreros. Aquí aparece dirigiendo a los egipcios en una batalla contra los nubios. Ramsés derrotó a los hititas en la famosa Batalla de Qadesh.

Ramsés II guía su carro y su caballo a la batalla.

Izquierda, derecha...

La vida de los soldados era dura: tenían que marchar cientos de millas. Estas esculturas de sold fueron halladas en una tumba.

En tiempos de paz,

Las armas

Dagas

Las espadas y dagas de metal se usaban en el combate cuerpo a cuerpo.

Arcos y flechas

Los egipcios lanzaban flechas a más de 600 pies (180 m), matando a sus enemigos a distancia.

Hachas

Las hachas se usaban en combates cuerpo a cuerpo o eran lanzadas.

Ramsés es seguido por sus hijos. En el carro iban dos soldados: uno guiaba y el otro disparaba.

Ramsés gana la batalla, por eso los nubios derrotados le llevan oro, tesoros, animales exóticos y comida como tributo.

Las hachas eran idóneas para atravesar los escudos de cuero.

los soldados construían templos y tumbas.

La escritura

El pueblo egipcio fue uno de los primeros pueblos que tuvo escritura. Usaban jeroglíficos, que son dibujos que representan sonidos y objetos.

jeroglíficos

La Piedra Rosetta

Por muchos siglos, nadie sabía leer jeroglíficos. Todo cambió en 1799 cuando se descubrió la Piedra Rosetta. La piedra tiene el mismo texto en tres lenguas: griego antiguo, jeroglíficos y otro idioma. Los expertos tradujeron los jeroglíficos comparándolos con el texto griego.

Las plumas de junco se mojaban en tinta negra o roja.

Papel y tinta

El papel se hacía de papiro. Colocaban tiras cruzadas de papiro en un marco y encima les ponían pesas para alisarlas.

griego antiguo

Jeroglíficos

Algunos jeroglíficos representan sonidos muy similares a los de nuestro alfabeto actual. Estos son los jeroglíficos más parecidos a nuestras letras. ¡Ahora puedes escribir un mensaje en jeroglíficos!

papiro

¡Tradúcelo!

(Respuesta en la pág. 80).

La vida hogareña

Los egipcios ricos vivían en casas grandes, pero los obreros vivían en casas pequeñas y en bulliciosas aldeas. Las pinturas de las tumbas muestran que disfrutaban la vida familiar.

En el pueblo se hallaron unas 68 casas.

Pueblo de obreros

Estas casas son del pueblo de Deir el-Medina. Los constructores que trabajaban en el Valle de los Reyes vivían aquí. Las casas están hechas de barro.

dedo de madera

¡Camina como un egipcio!

Sabemos que en Egipto había buenos médicos: ¡hacían hasta dedos artificiales! Este dedo de madera hallado en una momia es la primera prótesis (parte del cuerpo artificial) que se haya descubierto.

Los niños egipcios jugaban con pequeños animales de barro.

Muñeca de madera con pelo de cuentas.

La familia

El constructor de tumbas reales aparece con su esposa, su hijo y sus nietos, quienes juegan con unos pajaritos. Todos vivían en la misma casa.

Los jardines

Las casas grandes tenían jardines llenos de plantas. Los ricos tenían piscinas de agua dulce para refrescarse del calor.

La música y el baile

Las escenas pintadas en las tumbas muestran que a los egipcios les encantaban las fiestas. Tocaban música y bailaban en los festivales.

Juegos y juguetes

Los egipcios tenían juegos de mesa. Aquí se ve a la reina Nefertiti jugando uno llamado senet. Pasa la página para ver cómo se juega.

Senet: un juego de faraones

El senet es uno de los juegos de mesa conocidos más antiguos. Nadie sabe cómo se jugaba, ¡pero así es muy divertido!

El tablero

El tablero tiene 30 cuadros. Juegan 2 personas, cada una con 5 fichas. Comienzan en las posiciones que se muestran abajo. Gana el jugador que lleve todas sus fichas hasta el cuadro 30.

...palos

Los palos

Los egipcios usaban 4 palos en lugar de dados. Cada palo tiene un lado decorado y otro en blanco. Haz tus propios palos, y lánzalos todos a la vez en cada turno.

LANCES

1: Avanza 1 paso y vuelve a lanzar.	
2: Avanza 2 pasos.	
3: Avanza 3 pasos.	
4: Avanza 4 pasos y vuelve a lanzar.	
6: Avanza 6 pasos y vuelve a lanzar.	

piezas del primer jugador

piezas del segundo jugador

1 2 3 4 5

20 19 18 17 16

21 22 23 24 25

¿Listo para jugar? Haz tu propio tablero y tus palos,

Reglas

- *Lanza los palos. Avanza una ficha la cantidad de pasos que saques.*
- *Si en el cuadro en que caigas hay una ficha rival, esa ficha irá al cuadro donde estaba la tuya.*
- *No puedes caer en un cuadro donde ya hay una ficha tuya. Solo puede haber una ficha en cada cuadro.*
- *Si tu rival tiene dos fichas, una junto a otra, no puedes sacar de su sitio a ninguna de las dos.*
- *Si tu rival tiene tres fichas en cuadros consecutivos, no puedes pasar por ahí.*
- *Los cuadros 15, 26, 28 y 29 son refugios. No se puede expulsar de allí a las fichas.*
- *Si no puedes avanzar ninguna de tus fichas, debes mover una hacia atrás.*
- *Si no puedes moverte atrás ni adelante, pierdes tu turno.*
- *Si te envían al Anj y está ocupado, ve al cuadro más cercano detrás de ese símbolo.*

CUADROS ESPECIALES

 Anj: refugio. No pueden sacar tu ficha de allí.

 Casa de la Felicidad: refugio.

 Casa del Agua: Retrocede hasta el Anj.

 Casa de las Tres Verdades: DEBES sacar 2 para avanzar.

 Ojo de Horus: DEBES sacar 2 para avanzar.

elige tus piezas y empieza a jugar. ¡Buena suerte!

La caza

A los egipcios les gustaba cazar como deporte y para obtener alimentos. Esta pintura se halló en la tumba de un escriba acaudalado llamado Nebamun.

Nebamun fue un noble que vivió en el antiguo Egipto hacia 1350 a.C. En esta escena aparece cazando pájaros.

Los egipcios entrenaban a los gatos para la caza. El gato de Nebamun cazaba pájaros y se los llevaba a su dueño.

En las riberas del Nilo abundaban los patos, que eran cazados para comer.

El barco de Nebamun estaba hecho de juncos de papiro atados.

Las pinturas de colores se hacían con

Cazaban pájaros lanzándoles una vara que también usaban como arma en la guerra.

Nebamun aparece parado, con los hombros de frente y la cabeza mirando hacia un lado. En el arte egipcio, todas las figuras aparecían en esta posición.

La esposa de Nebamun lleva joyas y un cono de cera aromática en la cabeza. ¡Está vestida para un banquete!

La hija de Nebamun tiene un mechón de cabellos a un lado. Los niños aparecen siempre en las pinturas con ese peinado.

hollín, polvo de rocas o plantas, mezclados con huevo.

El salón de belleza

Los antiguos egipcios eran muy elegantes. Usaban bellas ropas y joyas, y mucho maquillaje... ¡incluso los hombres! La belleza era un asunto muy importante.

EL MAQUILLAJE

Los sacerdotes y las mujeres se sacaban los vellos con pinzas.

Los espejos eran de bronce pulido.

Peinaban las pelucas con peines de madera.

Usaban horquillas para fijar sus elaborados peinados.

Se afeitaban los vellos y el pelo con navajas de bronce o cobre.

La sombra verde para los ojos se hacía con polvo de malaquita.

El rubor para las mejillas era de polvo de algún metal rojo.

Usaban joyas hechas de oro, plata, cuentas y piedras preciosas.

Las pelucas

Los egipcios pensaban que sus cabellos y barbas naturales no eran elegantes. Por eso se afeitaban la cabeza y usaban pelucas que fijaban con cera.

argollas

Joyas relucientes

El atuendo egipcio requería joyas llamativas. Los egipcios usaban argollas, collares, brazaletes y aretes. Algunas joyas, como esta pieza con un escarabajo, se usaban para atraer la buena suerte.

Derretían conos de grasa animal aromatizada para perfumarse.

...........cono aromático

Ojos maquillados

Hombres y mujeres usaban maquillaje. El más importante era la pintura negra para los ojos.

Ropas plisadas

La ropa era de tela de lino. Los hombres usaban faldas y las mujeres lucían bellos vestidos plisados.

Se ha hallado un collar hecho de meteoritos (rocas del espacio).

HATSHEPSUT

Aunque las esposas de los faraones eran muy respetadas como reinas, era muy raro que una mujer se convirtiera en faraón. Una de las pocas excepciones fue Hatshepsut, quien reinó de 1473 a 1458 a.C. Usaba una corona... ¡y una barba postiza!

Cuando el esposo de Hatshepsut, Tutmosis II, murió, Tutmosis III (su hijo con otra esposa real) era demasiado joven para reinar. Hatshepsut reclamó el trono para ella y fue una poderosa gobernante. Organizó la famosa expedición a Punt, de la que trajeron oro y tesoros.

templo de Hatshepsu en Deir el-Bahri

oro

obelisco construido por Hatshepsut en Karnak

Hatshepsut

Hatshepsut desapareció misteriosamente. ¿Habrá sido asesinada por su hijastro, deseoso de acceder al trono? Cuando Tutmosis III se convirtió en faraón, hizo que borraran el nombre de Hatshepsut de todos los templos y su momia fue trasladada a una tumba menos importante.

Esta estatua de Hatshepsut está en su inmenso templo de Deir el-Bahri, cerca del Valle de los Reyes.

hígado

¿LOS RESTOS?

El hígado de Hapshepsut fue hallado en un vaso canopo en su tumba. Su momia, sin embargo, había sido llevada a la tumba de su nodriza. Recientemente, usando pruebas de ADN, se confirmó que el hígado y la momia eran de Hapshepsut.

Comidas y bebidas

A los egipcios les gustaba comer bien. Las fértiles riberas del Nilo ofrecían comida en abundancia.

Pan y cerveza

El pan y la cerveza, hechos de trigo y cebada, eran parte esencial de la dieta. La cerveza era más saludable que el agua, que podía estar sucia. Incluso había una diosa de la cerveza, Tenenet.

Qué dolor de muelas

Para moler el grano se le añadía arena. Esto era muy malo para los dientes. El estudio de las momias demuestra que los dolores de muelas eran muy comunes.

Frutas y vegetales

En las riberas del Nilo se cultivaban frutas y vegetales.

pan

cebolla

ajo

granada

higos

dátiles

En los alrededores de Guiza se han hallado dos panaderías.

Los antiguos egipcios no tenían cuchillos ni tenedores. Comían con las manos.

Gansos

En el antiguo Egipto no había pollos. Criaban gansos y otras aves para obtener carne y huevos.

Ganado

Usaban el ganado para el trabajo y como alimento. Cuando los campesinos llevaban ganado por el Nilo decían conjuros para protegerlo de los cocodrilos.

Peces

El Nilo estaba lleno de peces, ¡pero los pescadores debían cuidarse de los hipopótamos!

melones

peces

Los egipcios comían erizos que cocinaban en barro para quitarles las púas.

Quizás hacían pan y cerveza para los obreros de las pirámides.

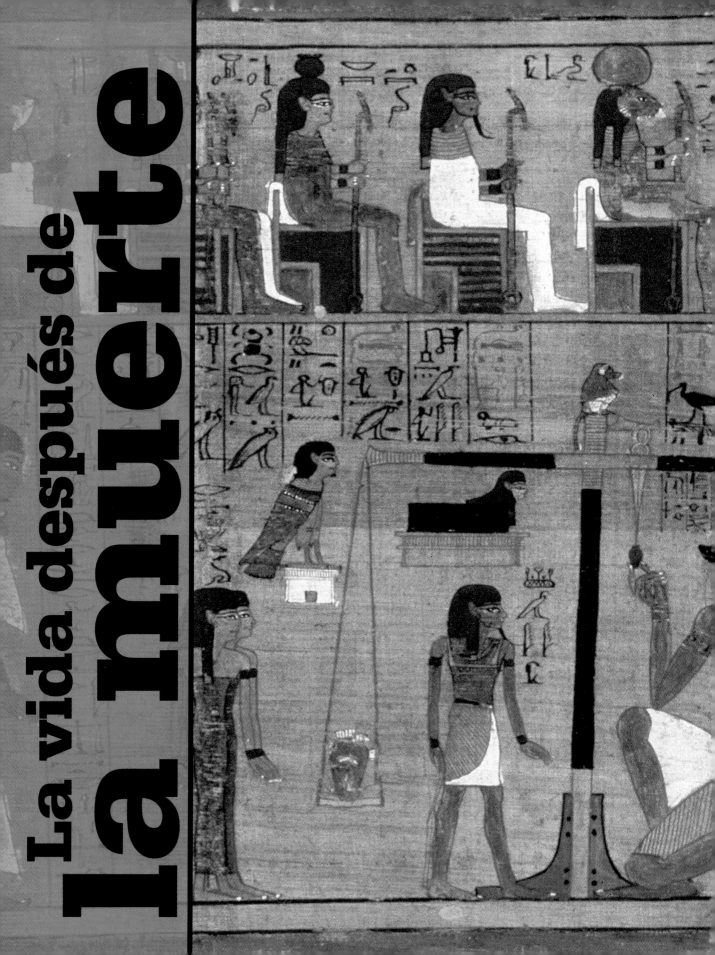

La vida después de **la muerte**

Los antiguos egipcios creían en la vida después de la muerte, pero solo las personas que se portaban bien en la Tierra vivirían en el más allá. Aquí vemos al dios Anubis pesando el corazón de una persona con la pluma de la verdad.

El viaje al más allá

Cuando una persona moría, su cuerpo era momificado para que lo pudiera usar en el más allá. No era fácil entrar en la vida del más allá: debía seguirse un proceso complejo.

El ka y el ba

Cada persona tenía dos espíritus, el ka y el ba. Al morir, los espíritus salían del cuerpo. Cuando la tumba se cerraba, los dos espíritus se unían de nuevo a la momia.

El ka era la fuerza vital del cuerpo. Se representaba con dos brazos levantados.

El ba era el alma o la personalidad. Se representaba con un ave.

El viaje

El barco funerario

A algunas personas importantes las llevaban en barco por el Nilo hasta su tumba. ¡Y enterraban el barco!

Regreso a la vida

Se creía que un sacerdote devolvía la vida a la momia. Lo hacía con la ceremonia de "abrir la boca".

El barco del faraón Keops se halló enterrado en 1.224 piezas junto a su pirámide.

Cierre de la tumba

En la tumba se ponía el ataúd, el Libro de los Muertos y las posesiones del muerto. Entonces, se cerraba la tumba.

El Libro de los Muertos

Luego la persona viajaba al más allá. Este libro de 192 conjuros la ayudaba a vencer los peligros del viaje.

La prueba final

Anubis pesaba el corazón de la persona con la pluma de la verdad. Si el corazón pesaba menos, la persona podía entrar en la otra vida.

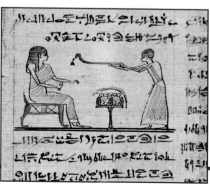

Cómo se hace una momia

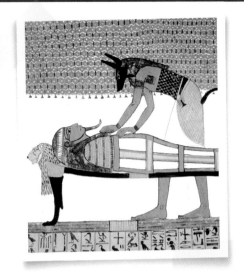

Hacer una momia era un proceso complejo que podía durar 70 días. Estos eran los ocho pasos a seguir.

Los sacerdotes
Un sacerdote dirigía el embalsamamiento. Usaba la máscara de chacal de Anubis, el dios del embalsamamiento.

1 Lavado
Lava el cuerpo con tuba de palma y enjuágalo con agua del Nilo.

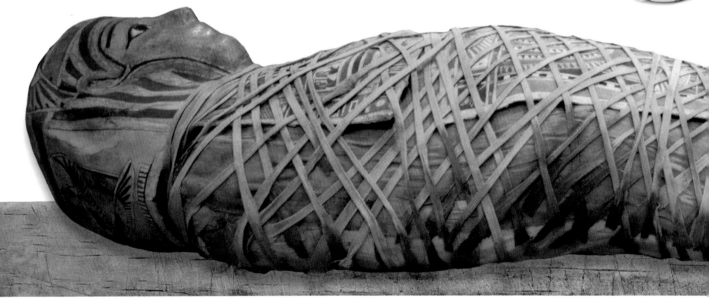

5 Relleno
Tras 40 días, lava el cuerpo con agua del Nilo, cúbrelo con aceite, y llénalo de hojas y lino.

6 Envoltura
Envuelve el cuerpo con vendas de lino. ¡Esto puede demorar 15 días!

7 Las joyas
Pon amuletos entre las vendas para proteger al cuerpo contra los malos espíritus y en la otra vida.

El cuerpo tenía que estar intacto. Si faltaba una extremidad,

El ataúd donde se ponía la momia tenía los rasgos de la persona muerta.

❷ Los órganos

Haz un corte en el lado izquierdo y saca los órganos; menos el corazón, que se necesita para el viaje.

❸ El cerebro

Mete un gancho por la nariz y saca el cerebro poco a poco por las fosas nasales.

❹ Secado

Rellena y cubre el cuerpo con natrón (un tipo de sal) para secar bien el cuerpo.

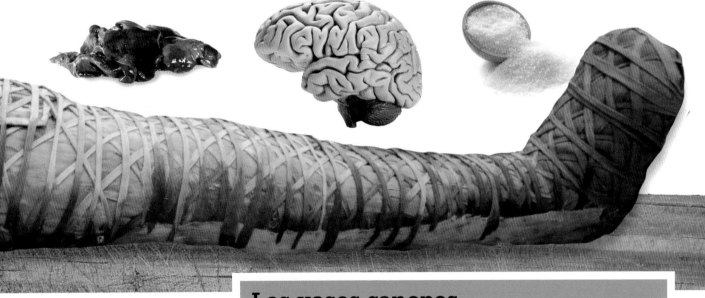

❽ El féretro

Pon el cuerpo momificado en un ataúd bellamente decorado.

Los vasos canopos

El hígado, el estómago, los pulmones y los intestinos se secaban y ponían en vasos canopos, que se colocaban en la tumba con el cuerpo. Cada vaso contenía un órgano específico y era protegido por uno de los cuatro hijos de Horus.

había que buscar otra. ¡Una momia tenía dos pies izquierdos!

Las momias

Durante siglos se han descubierto miles de momias —de personas y animales— del antiguo Egipto. Y aún hoy se siguen hallando... ¡tras descansar en sus ataúdes por hasta 5.000 años!

momia de carnero

ataúd de oro de Tutankamón

momia de perro

ataúd decorado

vasos canopos

momia de perro

momia de gato

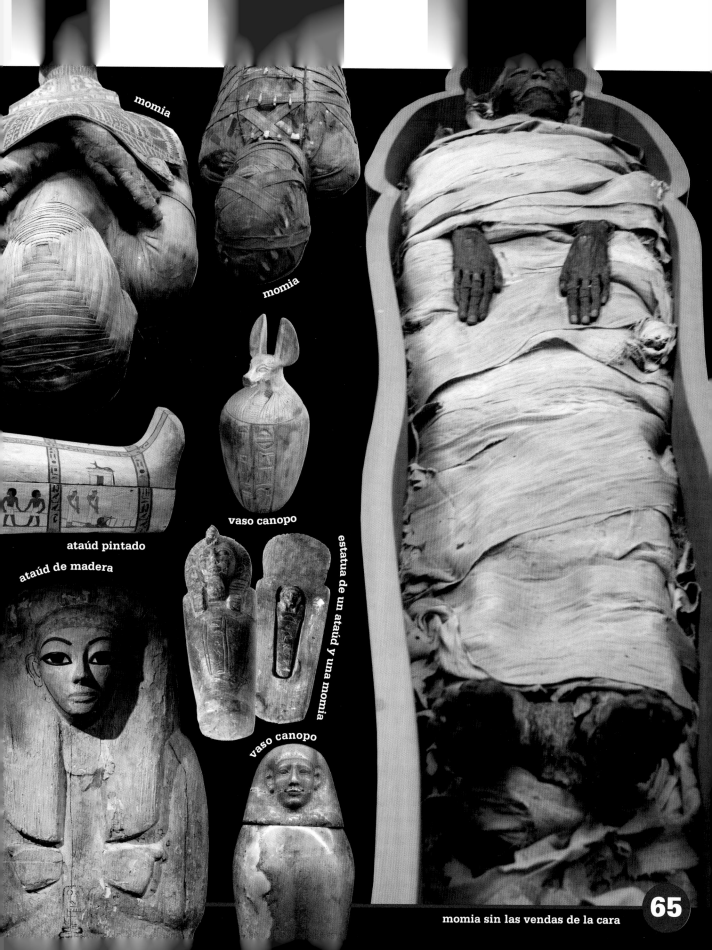

momia

momia

vaso canopo

ataúd pintado

ataúd de madera

estatua de un ataúd y una momia

vaso canopo

momia sin las vendas de la cara

65

Construcción de una pirámide

Los ricos eran enterrados en tumbas fabulosas. No hay nada tan impresionante como las grandes pirámides. La Gran Pirámide de Guiza fue construida para ser la tumba del faraón Keops.

Construcción de la Gran Pirámide

La Gran Pirámide medía originalmente 481 pies (146.5 m) de alto. ¿Cómo la habrán construido sin grúas ni máquinas? Miles de hombres trabajaron durante 20 años para hacerla. Pero nadie sabe cómo la construyeron exactamente.

Soldados, campesinos y otros egipcios ayudaron a construirla.

Cada bloque de piedra pesaba tanto como un hipopótamo.

Arrastraban las piedras por una rampa.

❶ Los bloques

Los trabajadores cortaron unos 2,3 millones de bloques inmensos en una cantera y los arrastraron hasta allí. Los iban colocando en un cuadrado perfecto.

❷ La construcción

Equipos de hombres usaban sogas y troncos para subir cada bloque por la rampa. ¡Era un trabajo duro!

Este fue el edificio más alto del mundo por casi 4.000 años,

Pirámide de Zoser

La pirámide de Zoser, de alrededor de 2650 a.C, es la más antigua que se conoce.

Pirámide romboidal

Fue construida hacia 2600 a.C. por el faraón Seneferu.

Pirámides nubias

Los nubios copiaron a los egipcios y construyeron pirámides empinadas.

El faraón y sus pertenencias eran enterrados en un sistema de salas y pasillos.

❸ Digna de un rey

Hacia 2566 a.C., Keops y sus pertenencias fueron puestos en la pirámide. Luego sellaron la pirámide y la cubrieron con piedra caliza blanca, y con oro en la cima.

A medida que la pirámide crecía, la rampa debía ser más empinada para llegar a la cima.

····· campamento de los trabajadores

hasta ser superado por la Catedral de Lincoln en Inglaterra.

La Gran Esfinge de Guiza

Frente a las pirámides de Guiza, mirando hacia donde sale el sol, está la Gran Esfinge. Ha estado cuidando el sitio durante 4.500 años. Es la estatua más grande del mundo hecha de una sola piedra. Estuvo miles de años enterrada en la arena. No fue hasta 1936 que la estatua fue completamente desenterrada.

La esfinge es gigantesca. Su nariz (destruida hace

siglos) medía 3,3 pies (1 m) de ancho.

El Valle de los Reyes

Las pirámides eran vulnerables a los saqueadores de tumbas, por lo que los faraones comenzaron a construir tumbas ocultas en las colinas. Esa área es conocida como el Valle de los Reyes.

Un cementerio de reyes

Por más de 400 años (de 1490 a 1075 a.C.) aproximadamente, los faraones fueron enterrados en el Valle de los Reyes. En el mapa de la página 11 se indica su ubicación.

Entradas a las tumbas

tumba de Ramsés IV

Las entradas a los pasillos a veces estaban tapiadas para que no las vieran los saqueadores.

corredor

La entrada

Imagínate que entras en una tumba perdida que acabas de descubrir.

La escalera

Baja por la escalera al interior de la tumba, solo con la luz de una vela.

Pasillos decorados

Camina por pasillos totalmente cubiertos de bellas pinturas.

La tumba más grande del valle tiene 130 salas...

La aldea de los obreros

Las obras del valle demoraban tanto que los obreros vivían en una aldea construida cerca de allí. Cada día traían del Nilo agua para beber.

¡Esta tumba tiene 290 pies (88 m) de largo!

Esta sala está decorada con escenas del Libro de los Muertos.

cámara funeraria

En el sarcófago, una inmensa caja de piedra, estaban el ataúd y la momia.

El tesoro

Entra en una sala llena de cosas del faraón. ¡Hasta pan de hace 3.000 años!

El sarcófago

Al final, busca el sarcófago de piedra y ábrelo para ver la momia.

Aprende más ◄◄◄ sobre tumbas egipcias en las págs. 66–67.

que sepamos. ¡Los arqueólogos siguen buscando otras!

Nombre: Anna Garnett
Profesión: Egiptóloga del Museo Británico y el Museo de Manchester (Gran Bretaña) y experta en momias

P **¿Siempre estuviste interesada en el antiguo Egipto?**

R Siempre. Cuando tenía siete años leí un libro sobre Tutankamón y Howard Carter. Desde entonces estuve obsesionada con el antiguo Egipto. Por eso decidí que quería ser egiptóloga.

P **¿Qué podemos aprender estudiando una momia?**

R Podemos aprender sobre la vida diaria en Egipto, desde qué comían hasta qué enfermedades padecían las personas. Y también podemos conocer el proceso de momificación y cómo cambió con el tiempo.

Este gato fue momificado para darlo como ofrenda a la diosa Bastet.

P **¿Aún hoy se siguen hallando momias?**

R Los arqueólogos siguen hallando momias en todo Egipto. Incluso están hallando tumbas intactas, que nunca fueron saqueadas.

P **¿Todas las personas eran momificadas en el antiguo Egipto?**

R No todo el mundo, pues el proceso era caro. Solo las personas más ricas podían pagar por la momificación. Si eras pobre te enterraban en la arena caliente del desierto para que esta secara el cadáver.

egiptóloga

P **¿Es cierto que antes la gente usaba polvo de momia como medicina?**

R Sí. En la Edad Media se creía que la resina usada para hacer las momias curaba enfermedades. La gente molía las momias y se comía ese polvo como medicina. Pero ya nadie hace eso, por supuesto.

P **¿Cuál es tu momia preferida?**

R La del faraón Seti I [abajo], que reinó en Egipto de 1294 a 1279 a.C. aproximadamente. La cara de la momia está perfectamente preservada. Parece que va a despertar de su sueño en cualquier momento.

P **¿Cuál es la momia más rara que has visto?**

R La más rara es la de la princesa Henuttawy, que vivió hacia 1050 a.C. Tras secar su cuerpo, lo rellenaron con lino y paja. Pero lo rellenaron tanto que la cara explotó.

P **¿Cuántas momias se hicieron en Egipto?**

R ¡Creo que fueron miles! La momificación se practicó desde los orígenes de la civilización egipcia hasta su final, 3.000 años después. ¡Hicieron muchísimas momias!

P **Si pudieras viajar en el tiempo al antiguo Egipto, ¿qué querrías averiguar?**

R Me gustaría averiguar un montón de cosas que no sabemos. Querría saber cómo hicieron los templos y las pirámides. Y me encantaría ver todos los objetos que enterraban con los faraones.

En la momia del faraón Seti podemos ver las facciones de su cara.

CLEOPATRA VII

Cleopatra

La civilización egipcia duró 3.000 años, y desapareció hacia el año 30 a.C. No terminó en paz. Cleopatra VII, la última reina de Egipto, hizo todo lo que pudo por conservar el poder.

Cleopatra nació en la familia real de Egipto en 69 a.C. Tras un gran conflicto familiar, fue expulsada de Egipto. Julio César, el emperador romano, estaba interesado en Egipto, y Cleopatra sabía que él era su única esperanza de recuperar el poder. Regresó a Egipto escondida en una alfombra cuando César visitó Alejandría. Cuando le llevaron la alfombra a César, Cleopatra salió de su interior. César se enamoró de ella, mató a sus enemigos y la instaló en el trono de los faraones.

Cleopatra

Julio César

Poco después César fue asesinado en Roma. Su hijo adoptivo Octaviano y un general, Marco Antonio, decidieron dividirse el imperio entre ellos. Marco Antonio se casó con Cleopatra, pero luego Octaviano los atacó y derrotó. Egipto pasó a ser posesión romana y los faraones nunca más reinaron.

EL FINAL

Cleopatra quedó tan devastada al recibir la noticia de la muerte de Marco Antonio que se dejó morder por un áspid, una serpiente venenosa, y murió. Egipto no volvería a recuperar su independencia por 2.000 años.

Finalmente, en 1922, Egipto volvió a ser un país independiente.

Glosario

amuleto
Joya u otro objeto ornamental que se cree que da buena suerte.

arqueólogo
Experto que estudia la historia excavando para hallar y analizar objetos antiguos.

áspid
Cobra egipcia.

ba
Alma o personalidad de una persona.

banquete
Comida espléndida.

dinastía
Serie de gobernantes o reyes que provienen de una misma familia.

egiptólogo
Experto que estudia la arqueología egipcia.

embalsamamiento
Proceso por el cual un cadáver se preserva para que no se pudra.

escriba
Persona que escribía y copiaba documentos a mano. Los escribas eran importantes porque la mayoría de los egipcios no sabía leer ni escribir.

esfinge
Criatura imaginaria con cuerpo de león y cabeza de hombre o de mujer.

faraón
Título que se daba a los reyes del antiguo Egipto.

fértil
Lleno de nutrientes, como el suelo en el que crecen bien las cosechas.

jeroglíficos
Sistema de escritura del antiguo Egipto formado por símbolos y dibujos que representan palabras, sonidos o ideas.

ka
La fuerza vital del cuerpo.

malaquita
Mineral de color verde brillante que se usa en joyas y adornos.

maldición
Hechizo con el que se pretende hacer daño.

máscara mortuoria
Escultura de la cara de un muerto que se ponía sobre la cabeza de su momia.

momia
Cadáver que ha sido preservado y envuelto en telas antes de enterrarlo.

natrón
Tipo de sal que se usaba para secar el cuerpo durante la momificación.

nemes
Tela de franjas que el faraón usaba en la cabeza.

obelisco
Monumento de piedra alto y puntiagudo, de cuatro lados.

oráculo
Lugar donde se cree que los dioses responden las preguntas que les hace un sacerdote o una sacerdotisa.

papiro
Junco de río, o papel que se hace a partir de él. Los antiguos egipcios hacían también botes, cuerdas y cestas de papiro.

sarcófago
Caja de piedra donde se coloca el ataúd.

sequía
Largo período sin lluvias que hace que mueran las cosechas.

vaso canopo
Recipiente donde se guardaban los órganos internos de una persona muerta.

Índice

Créditos

Este precioso adorno fue hallado en la momia de Tutankamón.

Respuesta al acertijo de la página 45:
Un lenguaje espectacular.